Celebrando os Quietos

Prasenjeet Kumar

Published by Publish With Prasen, 2019.

CELEBRANDO OS QUIETOS

First edition. April 3, 2019.

Written by Prasenjeet Kumar.

Índice Analítico

Carta de um revolucionário quieto

Caro leitor,

Em primeiro lugar, obrigado por ter escolhido este livro entre milhões de outros e ter decidido investir seu precioso tempo para lê-lo.

Este livro foi escrito para celebrar as características únicas dos quietos, introvertidos e hipersensíveis.

Mas você pode se perguntar: por que alguém escreveria sobre tais pessoas?

Deixe-me explicar.

Pessoas introvertidas e hipersensíveis estão com frequência em desvantagem na sociedade. Pais, professores, colegas de trabalho e chefes se perguntam por que eles não são assertivos, abertos a compartilhar, sociáveis o bastante, tímidos ou, no geral, têm pouca vontade para revidar. Eles são acusados de não trabalhar em equipe e os valentões (tanto na escola quanto no trabalho) acham que podem pisar neles.

Mesmo assim, ninguém deveria afirmar que os introvertidos não possuem nenhum destes pontos fortes. Afinal de contas, muitas personalidades de prestígio como Abraham Lincoln, Albert Einstein, Walt Disney e até J.K Rowling eram introvertidas.

Na verdade, a leitura de muitos livros de psicologia (incluindo o livro "O Poder dos Quietos", de Susan Cain) me fez perceber meu potencial único e meus poderes (ou quem sabe até super poderes), que não me eram conscientes até poucos anos atrás.

Isso resultou nos livros da série *Quiet Phoenix*. O tema desta série é que, assim como a Fênix tem o potencial de renascer literalmente das cinzas, os introvertidos também têm o poder de ressurgir de qualquer situação difícil.

Vamos usar uma fórmula para entender melhor:

Quiet (pessoas introvertidas ou hipersensíveis)

+

Phoenix (habilidade de se erguer das cinzas) =

Quiet Phoenix

Este livro contém oito histórias baseadas no mesmo tema de *Quiet Phoenix*. Tentei tornar estas histórias interessantes e de leitura o mais agradável possível. É minha missão fazer com que todos os meus livros desta série NÃO se pareçam com livros tediosos de psicologia.

Portanto, me desculpe por decepcioná-lo caso esteja procurando por alguma baboseira pretensiosa, malfeita e pseudopsicológica.

Todas as histórias são profundamente motivacionais e inspiradoras. Elas nos contam como estes introvertidos muito famosos superaram, com determinação de aço, os desafios mais difíceis que apareceram em seu caminho. Acima de tudo, essas histórias destacam a importância da dedicação, persistência, autodisciplina e de se ter uma visão ou uma imaginação fértil, características que, felizmente, todas as pessoas quietas possuem por natureza.

Espero sinceramente que as histórias também despertem em você a coragem de buscar seus sonhos e ambições, independentemente do quão "extravagantes" eles possam parecer para os outros.

Desejo a todos uma leitura prazerosa!

Saudações,

Prasenjeet Kumar

I: Introvertidos têm baixo desempenho?

A maioria das sociedades, sejam Ocidentais ou Orientais, valorizam a extroversão como o ideal. Personalidades "bem sucedidas" são consideradas como "ousadas, assertivas, aquelas que podem ser o centro das atenções e alguém que é muito simpático".

Introvertidos costumam ser incompreendidos. Em casa, os pais se preocupam se o filho quieto fica tempo demais sozinho, sonhando acordado enquanto o mundo real funciona por meio de socialização e *networking*. Na escola, professores presumem que, se uma criança hesita em responder perguntas, ela deve ter alguma deficiência, seja de aprendizagem ou mesmo social. No trabalho, acredita-se que introvertidos não têm "espírito de equipe" e têm pouco entusiasmo e iniciativa.

Nesta parte, apresento alguns contos para derrubar este mito e para reforçar que introvertidos tem o dom da persistência, trabalho árduo, criatividade, autodisciplina, aptidão para autoaprendizagem, inteligência emocional elevada e imaginação fértil.

Você acredita que algumas das personalidades mais famosas do mundo eram introvertidas? Acho que não. Então leia as próximas páginas para saber mais.

A história real de uma introvertida que alcançou sucesso fenomenal com sua imaginação fértil

Joanne amava ler livros de fantasia quando criança e até tentava escrever alguns contos. Como uma boa introvertida, tinha a imaginação fértil. Magos, magia e bruxaria faziam parte de seu mundo. Ela pensava que deveria ser uma romancista, mas vinha de uma família pobre. Seus pais queriam que ela fizesse um curso profissionalizante – algo que ajudasse a conseguir um emprego de verdade no mundo real.

— Minha garota, uma imaginação hiperativa é boa para entreter as pessoas, mas não é suficiente para pagar o financiamento de uma casa ou garantir a aposentadoria. — diziam seus pais.

Os pais de Joanne estavam sendo realistas, afinal de contas não há nada de nobre na pobreza.

Joanne amava seu mundo de fantasia. Aquele universo fazia parte dela. Deixar aquele mundo era tão traumático quanto se separar dos entes queridos.

Na faculdade, os pais de Joanne queriam que ela fizesse um curso "útil", mas ela queria estudar Literatura Inglesa. Joanne não queria chatear seus pais, então concordou em se formar em Letras Modernas. No entanto, de última hora, se matriculou em um curso de Letras Clássicas, sem contar para seus pais sobre a repentina mudança de ideia.

A vida na faculdade era um mundo totalmente diferente. Um mundo onde estudantes estavam ocupados frequentando aulas, seminários e se preparando para tutorias. Alguns se preocupavam com a carreira depois da formatura. Outros só queriam farrear e se divertir. Joanne, por sua vez, ficava a maior parte do tempo em cafeterias, escrevendo histórias e, algumas vezes, nem ia para a aula. Ela tinha sorte de passar nas provas.

Com 20 e poucos anos, teve alguns empregos como secretária, depois se casou e teve uma filha. Durante os almoços de trabalho, a vontade de escrever não a deixava em paz. Seus empregadores notavam que ela não estava prestando atenção ao trabalho. Como resultado, perdeu o emprego diversas vezes.

Infelizmente, o casamento de Joanne também não deu certo. Seu mundo estava desmoronando ao seu redor. Parecia não haver esperança. Ela estava sozinha após um casamento que durou pouquíssimo tempo, sem emprego, era mãe solteira com uma filha para criar e estava tão pobre quanto possível na moderna Grã-Bretanha, mas sem chegar ao ponto de morar na rua. Os medos que os pais nutriam sobre ela, e seus próprios temores, tinham virado realidade. Sentia-se como o maior de todos os fracassos.

Joanne pensou até em cometer suicídio. Parecia não ter mais o que esperar deste mundo.

No entanto, sua filha fez com que ela voltasse à realidade. Abandoná-la para fugir deste mundo com certeza não seria a coisa certa a se fazer.

Joanne decidiu tomar as rédeas de sua vida. A falta do sucesso ensinou coisas que ela nunca soube sobre si mesma. O fracasso fez com que descobrisse seu verdadeiro eu e lhe deu uma segurança interior que ela não tinha ao passar nas provas da faculdade. Joanne percebeu que tinha mais vontade e mais disciplina do que jamais havia imaginado, outros pontos fortes clássicos de um introvertido. Além disso, tinha uma velha máquina de escrever e uma história para contar ao mundo.

Ela parou de acreditar que o melhor seria viver de um emprego em horário comercial. Parou de reprimir sua criatividade, que teoricamente era inútil no "mundo real".

Um dia, em uma viagem de trem de ida e volta entre Londres e Manchester, criou em sua cabeça a história de um menino bruxo. Achou que seria uma boa história para contar a sua filha antes de dormir. Joanne tinha uma caneta que não funcionava e era tímida demais para pedir uma emprestada a alguém.

Somente anos mais tarde ela começou a escrever aquela história inteira, passando a maior parte do seu tempo em uma cafeteria. Os donos não queriam que ela ficasse o dia todo escrevendo e só comprasse uma xícara de café, mas Joanne ignorava os olhares de desaprovação e continuava em seu penoso caminho.

Alguns anos depois, Joanne terminou seu manuscrito. Havia redigido 700 páginas e então as datilografou. Agora, ela precisava enviar o manuscrito para as editoras.

"Histórias para crianças não têm mercado", diziam a ela sem hesitar. Seu manuscrito foi rejeitado seguidamente por 12 editoras. Naquela altura, era muito fácil desistir. Joanne nunca havia tido sucesso algum. Era como se o azar dominasse sua vida.

Mesmo assim, Joanne persistiu. Ela enviou o manuscrito para a 13ª editora.

Depois de um ano, a história sobre o bruxo finalmente encontrou um lar na editora Bloomsbury. Ela recebeu um adiantamento de míseros 1.500 dólares. A editora a aconselhou a manter seu trabalho regular, já que não era possível ganhar muito dinheiro com "literatura infantil", como todos diziam.

A primeira edição do livro teve uma tiragem de mil cópias, das quais 500 foram enviadas a bibliotecas. Hoje, cada um destes mil livros da primeira edição vale entre 16 e 25 mil dólares. No início de 1998, houve um leilão nos Estados Unidos pelos direitos de publicação do livro. A editora Scholastic Inc. venceu e pagou 105 mil dólares a Joanne. O livro foi publicado nos Estados Unidos e o dinheiro das vendas permitiu que Joanne e sua filha se mudassem para uma nova casa.

A história contada por Joanne ganhou milhões de fãs ao redor do mundo, independentemente da cultura ou nacionalidade, crianças ou adultos. Ela se tornou a primeira escritora a ficar bilionária com seus livros.

Em 2006, ela lançou o sétimo e último livro da série que vendeu mais de 400 milhões de cópias em todo o mundo. Os livros foram traduzidos para 65 idiomas diferentes.

Paciência, persistência e uma confiança inabalável em si mesma valeram muito a pena no final. Agora, ela tem um casamento feliz e dois filhos.

Sim, você adivinhou.

Estou falando da famosa J. K. Rowling. Seu primeiro livro, a história de um menino bruxo, foi Harry Potter e a Pedra Filoso-fal. Hoje, a marca Harry Potter, juntamente com a franquia de filmes, vale bilhões de dólares.

Em um artigo, J. K. Rowling agradeceu a sua introversão pela criação da série Harry Potter. Você pode ler o artigo em inglês aqui: http://www.elle.com/life-love/introverted-women

Para refletir: Você sabia que introvertidos são mais persistentes e pacientes do que seus colegas extrovertidos, principalmente quando surgem obstáculos no caminho?

Um estudante de Direito com dificuldades para falar em público derrota seus colegas mais eloquentes em um debate

John era um adolescente quieto de 17 anos que acabara de concluir o Ensino Médio e sonhava em ser advogado.

Na escola, era muito tímido e hesitava em participar de debates, mas adorava assisti-los. Com frequência, se surpreendia com o quão eloquentes eram seus colegas de classe, ao ponto de poderem literalmente responder qualquer pergunta na hora, sem pestanejar, ou defender qualquer argumento aparentemente insustentável com graça.

John, por sua vez, era lento para organizar pensamentos, mas mesmo assim adorava o drama dos tribunais e sempre fantasiava em ser o centro das atenções. Foi sua fantasia que o levou a entrar na University College London (UCL) no curso de Direito, um dos mais prestigiados do Reino Unido. Tinha boas notas no Ensino Médio e um raciocínio lógico incrível, que fizeram com que passasse no exame LNAT (*The Law National Aptitude Test*), semelhante a um vestibular, com facilidade.

Entrar na UCL era a realização de um sonho. A universidade tinha fama de formar debatedores fantásticos que ganhavam competições nacionais e internacionais de júri simulado regularmente. Júri simulado é a encenação de um julgamento, onde estudantes de Direito debatem um caso fictício frente a um "juiz".

Os estudantes são avaliados pela eloquência, capacidade de apresentar argumentos e, principalmente, pela etiqueta no tribunal! Era absurdo, mas isso queria dizer que os estudantes deveriam se referir ao juiz como "Vossa Excelência" ou "Meritíssimo/Meritíssima" ao invés de simplesmente "você" (lembre-se de que o juiz não é seu amigo).

A competição de Júri Simulado Júnior acontecia todo ano no início do semestre, para que os estudantes do 1° ano pudessem ter uma ideia de como era um júri simulado antes de participar. John também foi assistir a etapa final.

Havia quatro estudantes e todos pareciam nervosos. O juiz da etapa final era um juiz de verdade, ou seja, era realmente um juiz do Tribunal Distrital. Dizer que ele era severo seria um grande eufemismo. Ele literalmente disparava diversas perguntas, a maioria delas incompreensíveis. Destruía todos os argumentos apresentados por estudantes de direito razoavelmente competentes. Fazia com que alguns estudantes falassem absurdamente rápido e outros gaguejassem. Para John, foi uma experiência assustadora e empolgante.

Após o término da competição e o anúncio dos vencedores, os alunos do primeiro ano foram convidados a se inscrever na competição de Júri Simulado Júnior. A lista de inscrição foi colocada no corredor principal da Bentham House, outro nome dado à faculdade de Direito da UCL. A faculdade foi batizada com o nome de Jeremy Bentham, famoso filósofo utilitarista, advogado e fundador da UCL.

John andava lentamente em direção ao corredor. Alguns estudantes pareciam empolgados enquanto outros pareciam um pouco nervosos. Em sua cabeça, uma batalha estava sendo travada.

"Não sei falar bem, demoro a organizar meus pensamentos. Além disso, nunca falei em público. Não tenho a experiência necessária".

"Não, John, espere. Essa é a chance de provar a si mesmo que está errado. Você tem um bom raciocínio lógico, por que não tenta?"

"E fazer papel de palhaço em público?"

"Por que você acha isso? Por que não acha que pode impressionar os juízes e colegas? Afinal de contas, você fantasia com frequência em ser o centro das atenções. Esta pode ser a chance que procura. Não seja um maricas!"

"Não sou maricas! Vá pro inferno".

John pegou a caneta com as mãos um pouco trêmulas e escreveu o nome na lista de inscrição. Depois de se inscrever, recebeu uma folha de papel aleatória com o caso fictício sobre o qual deveria argumentar.

John pegou a folha de papel e leu. Ele não podia acreditar no que via.

"Bill e Chris eram grandes amigos. Uma noite, os dois decidiram visitar o bar Blue Ox. Na volta, Chris pediu carona a Bill, já que ele conhecia a estrada no escuro. Bill concordou. Enquanto dirigia, Bill começou a ver gatos rosa na estrada. Com medo de atingir os gatos rosa, Bill desviou subitamente em um trecho livre e bateu na divisória entre as pistas. O carro parou no meio da estrada. Chris pulou pela janela imediatamente e sofreu ferimentos que o deixaram incapacitado. Um caminhão vinha na direção contrária e os dois veículos colidiram. Bill também sofreu ferimentos e teve que ser levado ao hospital. Chris decidiu processar Bill por negligência ao dirigir bêbado. Chris ganhou em primeira instância e agora Bill apelou em segunda instância".

John deveria argumentar a favor de Bill, o "motorista bêbado".

"Isso me parece um caso encerrado", pensou consigo.

"Como é que alguém pode defender um motorista culpado por beber e colocar a vida do amigo em perigo?"

Tinha 15 dias para se preparar para o júri simulado. Os argumentos-base deveriam ser enviados aos juízes um dia antes do julgamento simulado.

John estava louco para desistir, mas era tarde demais. Uma voz, então, começou a falar em sua cabeça:

"Antes de convencer os outros, convença-se de que Bill não é culpado".

Seguindo essa voz, resolveu aceitar o desafio. Ele conseguia ouvir os colegas se vangloriando de que o caso era mamão com açúcar, já que representavam Chris, o coitado que fraturou os dedos.

Todas as noites, quando as aulas terminavam, John se sentava na biblioteca da faculdade de Direito por horas, estudando casos e mais casos. Nada parecia ajudá-lo. Todos os casos diziam uma só coisa: que o motorista tem o "dever de cuidar" de seu passageiro, ou seja, é responsabilidade do motorista garantir que o passageiro esteja seguro o tempo todo.

"Quais argumentos eu poderia usar?", John continuava divagando.

"De que é certo ficar bêbado ou ir para festas, mas posso fazer papel de idiota com isso!"

"Algum argumento sobre políticas públicas...?"

"Meritíssimos, não deve ser dado ganho de causa em favor de Chris, pois isso paralisaria a indústria de cerveja e uísque, tão queridas pelos britânicos...".

"Qual é o seu problema, John? Esse é o argumento mais idiota que já ouvi", disse para si mesmo.

Os dias foram passando e a frustração aumentava.

"Deve ter algum jeito", John tentou se animar.

Agora só faltava um dia até o julgamento simulado. Os argumentos-base tinham de ser enviados por e-mail aos juízes.

Sim, juízes, no plural! Este era um julgamento de segunda instância, isso queria dizer que até três juízes poderiam presidir o julgamento simulado.

Três juízes! John já estava assustado com um, mas agora seriam três disparando todos os tipos de perguntas que fariam com que ele fizesse o papel de um completo idiota.

Como de costume, John analisava a jurisprudência na Biblioteca de Direito. Estava exausto, mas não queria desistir. Nos 14 dias anteriores, leu muito, mas muito mais que os colegas.

Levantou-se para buscar mais um livro de jurisprudência e sem querer derrubou um no chão. Quando pegou o livro para colocar de volta na prateleira, viu que havia um caso que tratou de um assunto na mesma área do caso fictício.

John começou a ler o caso com grande curiosidade. Seus olhos brilharam um pouco.

"Talvez este caso tenha alguma importância para mim, mas não tenho certeza".

Releu o caso fictício novamente e ficou surpreso ao encontrar um fato importante que havia ignorado. Um fato que poderia salvar seu cliente fictício.

Voltou para a cadeira e começou a esboçar seus argumentos-base. Terminou em uma hora e logo enviou os argumentos por e-mail para os juízes, usando um dos computadores da biblioteca.

Correu de volta para o alojamento. Agora viria a parte da preparação do discurso. O medo de falar em público voltou a assombrá-lo.

Estava cheio de dúvidas sobre si mesmo: "Não sou tão eloquente quanto meus colegas".

No entanto, ele sabia que, em vez disso, havia sido presenteado com o poder da preparação e dedicação, um poder que podia exercitar quase que de forma inconsciente. Voltou para o quarto às 20h30. Precisava fazer alguma coisa sobre a preparação do discurso.

Primeiro, escreveu à mão todos os argumentos em um pedaço de papel. Então, foi para frente do espelho segurando aquele papel e começou a ensaiar, como os atores fazem.

No começo, se sentiu estranho. Falar sozinho na frente do espelho não era uma experiência muito prazerosa.

"Meritttttíssssssimos..." John gaguejou.

Ele não gostava de ouvir a própria voz, que estava longe de ser perfeita. Percebeu que estava nervoso e balbuciando bastante. Não poderia passar essa impressão aos juízes durante a audiência no tribunal.

John persistiu. A cada esforço, sua voz foi ficando melhor e mais confiante. Ensaiou o argumento tantas vezes que acabou decorando-o. Continuou improvisando sua fala até que parecesse algo apresentável. Cansado e estressado, por fim dormiu às 2h30. O dia seguinte seria longo.

O júri simulado começaria às 19h do dia seguinte. John chegou ao tribunal às 17h30, vestido com um terno preto e gravata vermelha. Esta era a segunda vez que estava na sala do tribunal.

A sala era magnífica, como um típico tribunal, com assentos de couro marrom-avermelhados, paredes com painéis de madeira e lustres pendurados no teto. A tribuna, onde os juízes se sentariam, ficava em um nível elevado para que tivessem uma visão superior, cheia de desdém e arrogância, de todos os outros.

Todos começaram a entrar na sala lentamente, incluindo o colega de John que argumentaria pelo lado adversário e o oficial de justiça. Todos foram para seus lugares e organizaram os papéis. Os juízes entraram no tribunal exatamente às 19h. Quando o oficial de justiça anunciou: "Todos de pé", todos se levantaram.

Os juízes começaram com o reclamante primeiro, que, no caso, era o colega de John. Pareciam extremamente entediados com tudo. John estava agradecido por não ser o primeiro a falar. O adversário se apresentou, explicou rapidamente os fatos do caso e o que a lei dizia, para depois começar a expor seus argumentos (chamados de tese).

John tinha previsto os argumentos do adversário. Seu distinto colega fez o argumento padrão sobre o "dever de cuidar" e como o cliente (Chris) sofreu ferimentos por causa da negligência de Bill ao dirigir e que, como motorista do veículo, era sua responsabilidade garantir a segurança de Chris.

Os juízes assentiram com a cabeça. O distinto colega de John fez um bom trabalho em fazer com que o caso parecesse um cenário simples.

Agora, John tinha a responsabilidade de levantar dúvidas em um caso que parecia ter um único lado. Ele se levantou para falar com frio na barriga.

— Senhores, meu cliente Bill não é responsável pelo pagamento de danos. Isso porque o cliente de meu distinto colega, Chris, sofreu ferimentos que o incapacitaram por ter decidido pular para fora do carro por puro pânico. Se não o tivesse feito, não teria sofrido estes ferimentos. — disse John.

— Senhor John, o senhor se esqueceu de que Chris previu a colisão com o caminhão vindo em direção contrária? — Interveio um dos juízes, de forma bastante ríspida.

— Vossa Excelência tem um bom argumento, mas os fatos não mostram que Chris previu a colisão. Na verdade, o carro havia acabado de parar no meio da pista. Não está claro que Chris percebeu um perigo iminente antes de agir por puro pânico. Isso quer dizer que Chris poderia ter evitado os ferimentos se não tivesse entrado em pânico e pulado pela janela. — insistiu John.

Os juízes pararam por um momento e leram os fatos novamente. Pareciam um pouco confusos.

— Senhor John, este é um argumento muito fraco. Chris sofreu ferimentos que o incapacitaram devido à má conduta de seu cliente. Ele agiu de forma sensata e cuidadosa quando decidiu dar um salto perigoso para evitar a colisão. — disse um dos juízes.

Neste momento, John se deu conta do motivo pelo qual os juízes estavam tão hesitantes em aceitar os argumentos. Nenhum sistema judiciário no mundo encararia a direção sob efeito de álcool de forma tão leviana. Foi então que decidiu adotar uma abordagem diferente.

— Meritíssimos, Chris e meu cliente eram muito amigos. Os dois foram ao bar juntos. Isso significa que Chris sabia muito bem que meu cliente poderia se embriagar, mas mesmo assim aceitou a carona. — argumentou John.

Os juízes pareciam um pouco intrigados e começaram a olhar os fatos novamente.

— Vossas Excelências, isso significa que Chris aceitou o risco óbvio de se ferir. Ele poderia tranquilamente pegar um táxi para voltar para casa, que é algo que todas as pessoas sensatas fazem depois de alguns copos de cerveja. — disse John.

Os juízes e adversários ouviam com muita atenção.

— Sr. John, o que o senhor está tentando provar? — perguntou um juiz.

— Isso significa, Meritíssimos, que o cliente de meu distinto colega não agiu com responsabilidade. Primeiro ele embebedou meu cliente e depois aceitou uma carona sabendo que ele estava bêbado. O cliente de meu distinto colega foi o único responsável por colocar sua própria vida em risco. — respondeu John.

— Sr. John, o senhor tem alguma jurisprudência apoiando sua alegação? — os juízes queriam concluir.

— Sim, Meritíssimos. — disse John, e pegou uma cópia do caso que viu por acidente quando um livro de jurisprudência caiu no chão.

Entregou uma cópia do julgamento aos juízes e pediu que olhassem a página seis. Os juízes ajeitaram seus óculos para ler.

— Vossas Excelências gostariam de um resumo dos fatos deste caso? — perguntou John.

— Sim, por favor. — responderam os juízes.

— Neste caso, um homem concordou em ser levado pelo piloto em sua aeronave sabendo muito bem que o piloto estava bêbado. Pouco depois da decolagem, o avião caiu e o piloto faleceu. O homem ficou gravemente ferido e decidiu processar o piloto falecido. Seu pedido foi negado pelo mesmo tribunal, sob a alegação de que o homem sabia que o piloto estava bêbado. O homem, portanto, aceitou todo o risco de ter sérios ferimentos. O piloto não foi considerado negligente, Meritíssimos. — disse John.

— Vossas Excelências, os fatos deste caso não são muito diferentes dos fatos do julgamento. A mesma regra deveria ser aplicada. — complementou.

Os juízes olharam o documento e então olharam para John, surpresos.

— Muito bem, Sr. John. Agora precisamos de um tempo para considerar a questão. O tribunal está dispensado. — disseram os juízes, que retiraram-se para a câmara ao lado da sala do tribunal.

Houve muita empolgação. Quem venceria e quem perderia naquela noite?

Após dez minutos, os juízes voltaram para a sala do tribunal.

— Após ouvir atentamente a todos os argumentos feitos pelas duas partes e, seguindo estritamente a lei, chegamos à conclusão de que Bill NÃO foi negligente. — os juízes anunciaram o veredito.

O rosto de John se iluminou. O adversário estava surpreso e cabisbaixo.

No *feedback*, os juízes disseram a John que seu desempenho foi o melhor que haviam ouvido em muito tempo. A dedicação e preparação meticulosas obviamente valeram a pena. Ele havia lido exaustivamente sobre o assunto e previu todos os argumentos do adversário.

Um estudante tímido e com dificuldades para falar em público usou dons da introversão (preparação extensiva, por exemplo) para vencer a competição de Júri Simulado Júnior.

"Qualquer um pode alcançar seu potencial máximo, o que somos pode ser pré-determinado, mas o caminho que seguimos é sempre nossa escolha. Nunca deveríamos permitir que nossos medos ou as expectativas dos outros determinassem as fronteiras de nosso destino. Seu destino não pode ser mudado, mas pode ser desafiado...".

— Martin Heidegger

(Esta história real é baseada na minha própria experiência com júri simulado na UCL, onde tive o privilégio de estudar Direito de 2005 a 2008, e me formar com honras como Bacharel em Direito).

Abraham Lincoln usou a introversão como ponto forte para se tornar o maior líder de todos os tempos

Nos cursos de Gestão Empresarial, sempre ensinam que líderes devem ser "ousados", "assertivos", "carismáticos", pessoas que "batem na mesa" e têm a habilidade de conquistar multidões. Também há um equívoco velado de que introvertidos, ou seja, aqueles que falam baixo, que se esgotam com reuniões sociais e trabalham em silêncio, não podem ser líderes eficazes.

A história prova o contrário. Introvertidos possuem alguns dons especiais que, se bem utilizados, podem torná-los tão ou mais eficientes que extrovertidos.

Abraham Lincoln é um excelente exemplo de introvertido que usou desta força interior para se tornar o maior líder de todos os tempos.

Lincoln nasceu em pobreza uma família muito pobre. Seu pai mal conseguia ler e escrever, sua mãe sabia pouco mais. Por conta disso, Lincoln aprendeu a ler e escrever com a mãe.

A vida de Lincoln foi abalada por uma tragédia atrás da outra. A mãe faleceu devido à doença do leite quando ele ainda era um garoto. A doença do leite foi algo predominante durante o século 19 nos Estados Unidos e ocorria devido ao envenenamento do leite bovino quando o animal comia uma planta chamada Ageratina Altíssima. Ele também perdeu os irmãos quando ainda era muito jovem.

Dizem que introvertidos são programados para serem mais persistentes que extrovertidos, e Lincoln era o perfeito exemplo disso. Seu histórico de fracassos é bem conhecido e repetido com frequência para motivar outros a nunca desistirem. Ele perdeu o emprego, fracassou no mundo dos negócios duas vezes, foi derrotado oito vezes em eleições, faliu e incorreu em uma dívida que levou quase 17 anos para ser quitada, sofreu um colapso nervoso e ficou de cama por seis meses. Teve ainda que lidar com a perda da mulher que tanto amava (Anne Rutledge).

A lista não termina aí e se eu fosse listar tudo, com certeza acabariam as páginas. Ainda assim, a maior lição que se pode aprender é que Abraham Lincoln nunca desistiu. Ele poderia muito bem se considerar "sem sorte" ou que era destinado ao fracasso.

No entanto, não deixou o destino comandá-lo. Ao invés disso, comandou o próprio destino para se tornar o maior Presidente que os Estados Unidos já tiveram.

Porém, a postura de nunca desistir não era a única característica marcante. Era naturalmente modesto e humilde. Desde pequeno, era descrito como "fácil de lidar", "sorridente", "afetuoso e amável", "simples e sincero" e "puro", qualidades muito naturais aos introvertidos.

Era um homem *"que não ofendia pela superioridade"*, como relatou o escritor Ralph certa vez. Em outras palavras, não agia de forma autoritária, mandona ou considerava seus colegas e subordinados como "inconveniências". Schuyler Colfax, Presidente da Câmara dos Representantes, comentou uma vez: "Nenhum homem munido de tão vasto poder o empunhou com tamanha ternura e paciência". Com personalidade modesta, Lincoln conquistava a todos – amigos, adversários, aliados, inimigos ou a população em geral.

Também era empático e piedoso, outros dons da introversão. Alguns diziam que a infância difícil o tornou mais sensível com o próximo. É verdade que, como qualquer outro ser humano, sofreu episódios de depressão severos, mas canalizou a depressão em compaixão e amor ao próximo.

Durante os tempos de guerra, viajou por longas distâncias para visitar soldados em campos de batalha. Ganhou respeito e apoio absolutos por parte dos soldados, que sentiam que havia alguém que reconhecia suas contribuições e sacrifícios. Um dos soldados até escreveu uma carta aos seus familiares dizendo *"O sorriso caloroso de Lincoln era reflexo de seu coração gentil e honesto; mas lá no fundo, além das aparências... estavam os sinais inconfundíveis de alguém que se importa"*.

Apesar do rancor de todos ao redor, nunca difamou os sulistas por praticarem a escravidão, algo que era totalmente contra. A famosa frase *"Eles (sulistas) são apenas o que seríamos na mesma situação. Se a escravidão não existisse entre eles agora, não a iniciariam. Se existisse agora entre nós, não abriríamos mão instantaneamente..."* exemplifica sua empatia com os sulistas.

Assim, torna-se óbvio que um líder deve ter empatia por seus funcionários, pares e adversários, caso queira ter sucesso.

Introvertidos têm aptidão para autoaprendizagem, e Lincoln não era diferente. Era seu próprio professor. Nascido na pobreza, teve pouquíssima educação formal, mas isso não o impediu de buscar educação. Outras crianças costumavam escrever em papel para treinar a escrita, mas Abraham não tinha papel em casa. Então, treinava escrita e matemática na parte de trás de uma colher de pau e usava carvão como lápis.

Lincoln dominou gramática, linguagem e expressão por conta própria. Aprendeu matemática sozinho, incluindo geometria e trigonometria. Treinava para falar em público na frente de amigos e estudou Shakespeare assiduamente. Certa vez, até disse a um estudante *"tenha sempre em mente que sua meta de vencer é mais importante do que qualquer coisa"*.

Durante a época em que foi advogado, se encontrava com amigos à noite e fazia competições de contar histórias. Também aprendeu as atividades de barqueiro, comerciante, escriturário, chefe dos correios, fiscal e advogado antes de se eleger como membro do Congresso aos trinta anos. Foi retratado como advogado autodidata, que leu e releu o livro *Blackstone's Commentaries on The Laws of England* até entendê-lo por completo.

A autora Jennifer Kahnweiler até refere-se a Abraham Lincoln como *geek*, que significa alguém com profundo conhecimento sobre determinado assunto. Era o advogado especializado em patente e direito autoral mais requisitado do estado de Illinois. Tinha conhecimento profundo até sobre comportamento de voto, ou seja, possuía grande sabedoria sobre padrões de votos, índice de comparecimento às urnas e tendências.

Não surpreende que Abraham Lincoln tenha sido um dos maiores líderes a passar pela Terra. Se você tem que se tornar líder na empresa onde trabalha, comprometa-se com uma vida de autodisciplina e autoaprendizagem. Mais uma vez, aqui os introvertidos têm vantagem sobre extrovertidos.

Introvertidos são considerados como mais receptivos a ideias. São acessíveis e têm mais vontade para ouvir e implementar novas sugestões do que extrovertidos, que normalmente lideram *"colocando sua marca"*. Abraham Lincoln era assim.

Era considerado um ótimo ouvinte, escutava pontos de vista conflitantes e oposições. As pessoas podiam discordar sem sofrerem nenhum tipo de retaliação. Lincoln incentivava um ambiente de diálogo aberto, algo necessário durante a Guerra Civil. Executivos também podem agir como ele, e é neste ponto que introvertidos levam vantagem, pois podem simplesmente trabalhar seus pontos fortes já existentes e usar Lincoln como fonte de inspiração.

Abraham Lincoln também era apaixonado por seu trabalho. Tinha uma visão clara e realmente acreditava que tinha um objetivo a cumprir. *"Dizem que todo homem tem uma ambição peculiar"*, escreveu certa vez. *"Não tenho outra maior do que ser realmente estimado por meus colegas ao tornar-me digno de sua estima"*.

Lincoln agia com comprometimento profundo e paixão pelo trabalho em vez de exibir poder como Presidente dos Estados Unidos. Teve como motivação durante toda a vida erradicar a escravidão no país de uma vez por todas. Pôde convencer outros apenas porque realmente acreditava em sua causa nobre. Não estava interessado em poder ou dinheiro.

"Sua fala tocava ao coração vinha do coração", relatou o jornalista Horace White. A compaixão por outros fez com que se destacasse como grande líder benevolente. Percebe-se que introvertidos, assim como Lincoln, mostram desempenho superior em assuntos que realmente os interessam se comparados a outros cuja motivação seria apenas poder ou dinheiro.

No mundo corporativo, introvertidos são criticados com frequência por serem lentos para tomar decisões e pensarem antes de agir. Porém, Lincoln também era uma pessoa pensativa, nunca tomava nenhuma decisão precipitada. Acreditava que, *"para trazer alguém para uma causa, deve-se primeiro tocar o coração, a grande estrada para a razão"*. Em muitas ocasiões, costumava contar histórias para amenizar sentimentos e dissipar ansiedades. Lincoln agia de acordo com sua consciência, razão pela qual a audiência conectava-se com ele tão profundamente.

Prova suficiente para sustentar que introvertidos podem ser líderes talentosos.

"O fato de alguns alcançarem grande sucesso prova para todos que outros também podem alcançá-lo".

— **Abraham Lincoln**

II: Enfrentando os valentões – do jeito dos quietos

Valentões aparecem em todas as formas e tamanhos. Não estão limitados apenas às escolas, como também podem estar no ambiente de trabalho, no relacionamento de cônjuges, amigos, em quase qualquer lugar, na verdade. É comum dizer que valentões normalmente implicam com pessoas quietas por conta da crença de que tais pessoas não teriam coragem ou vontade de revidar.

Uma maneira de lidar com o *bullying* é aprender a agir de forma igualmente agressiva. No entanto, apresentamos alguns contos onde duas pessoas quietas, em diferentes circunstâncias, não usaram de agressão para pacificar valentões.

Em vez disso, tiraram forças de suas personalidades quietas.

Um trainee enfrenta o chefe tirano no mundo do Direito Empresarial

PK era um jovem quieto, trabalhador e muito entusiasmado que trabalhava como Associado de um escritório de advocacia em Nova Délhi, Índia. Tudo o que fazia tinha grande qualidade e muitos de seus chefes e colegas admiravam profundamente sua ética de trabalho.

Certo dia, foi chamado para ajudar Black Horse, um Associado Sênior (e, tecnicamente, com nível acima de PK) vindo da filial de Mumbai e que estava em Nova Délhi para trabalhar em uma operação societária.

Era um homem um pouco alto, com cerca de 1,80m de altura e usava óculos com aro. Os braços e pernas eram finos e nada atléticos. Tinha uma barriga considerável, que aparecia bastante quando usava camiseta aos sábados, dia em que os colegas do escritório costumavam se vestir de maneira informal. Durante conversas casuais, sempre falava sobre se matricular na academia (conversa comum nas empresas e que ninguém leva a sério), mas dado seu físico desproporcional, parecia que nunca havia se exercitado. Gostava muito dos salários gordos, pizzas de peperoni e demais luxos do mundo corporativo.

À primeira vista, parecia ser uma pessoa afável, amigável e ocasionalmente bem humorada. No primeiro dia, levou PK para almoçar e não o deixou pagar nada.

— Nosso escritório vai cuidar disso, não se preocupe! — disse sorrindo

Durante o almoço, contou a PK que era de Nova Délhi e que seus familiares ainda moravam ali.

— É tão bom voltar para casa. Sinto muitas saudades da minha família. — comentou.

— Então por que não trabalha em Nova Délhi? — perguntou PK.

— Hmm... — resmungou Black Horse com a estupidez inerente à pergunta, e continuou:

— Porque o escritório de Nova Délhi não é nem um pouco profissional. Não existe uma cultura de trabalho aqui.

PK ficou muito surpreso com o tom levemente grosseiro.

No fim das contas, Black Horse tinha o direito de ter sua opinião, mas PK não gostou da forma como se referiu ao ambiente no escritório de Nova Délhi.

BLACK HORSE, PK E MAIS um trainee da filial de Mumbai tiveram que passar alguns dias juntos no escritório do cliente em Nova Délhi para revisar contratos, participar de reuniões e preparar relatórios. PK adorava ter folga aos finais de semana, mas Black Horse insistia que ele fosse ao escritório para "terminar o trabalho antes do prazo".

A parte estranha era que PK trabalhava completamente sozinho aos finais de semana. Black Horse simplesmente não ia e PK se sentia muito "abaixo na hierarquia" para perguntar onde estava seu chefe.

Talvez Black Horse estivesse em alguma reunião. Um dia, PK estava no escritório do cliente e resolveu, como quem não quer nada, checar se ele estava em reunião em outro lugar de Nova Délhi. Um funcionário disse que, na verdade, ele não tinha ido para o escritório. Isso só podia significar uma coisa: seu chefe estava se divertindo em Nova Délhi, colocando a conversa em dia com os familiares, enquanto fazia PK trabalhar até nos finais de semana.

A "EXCEÇÃO" VIROU REGRA. Black Horse não aparecia na maior parte dos dias. Chegava atrasado e sem preparo algum às reuniões com clientes. PK tinha que conduzir a reunião com o conhecimento (bem limitado) que possuía, afinal de contas este era um "caso da filial de Mumbai". Quando o cliente perguntava se havia alguma questão legal a ser considerada, PK se esforçava para apontar algumas que pudessem ser relevantes, mas no fim das contas, ninguém tinha problemas com os pontos levantados, nem mesmo Black Horse.

Mas, durante uma reunião interna, Black Horse repreendeu PK na frente do outro trainee.

— Veja, hoje você nos fez passar muita vergonha. — advertiu Black Horse.

PK ficou chocado e confuso.

— Por que ficou repetindo aquela questão legal durante a reunião? — indagou Black Horse.

— Achei que aquela questão precisava ser abordada caso tivéssemos que dar continuidade à transação. — respondeu PK.

— Você poderia muito bem ter ficado de boca fechada. Primeiro: você não falou quando devia ter falado. Segundo: quando devia ter se calado, não se calou. — disse Black Horse de forma ríspida e sem muito sentido.

PK continuou quieto, mas sentia-se desmotivado.

UM DIA, TRABALHANDO na operação, notou um erro estranho num documento que dizia que "a empresa, nos últimos três anos, teve crescimento de mais de -3%".

"Menos 3%, como é possível? É um erro de digitação ou algo muito mais preocupante? E qual é o erro de digitação: '-3%' ou a palavra 'crescimento'?", pensou PK? Como advogado em ascensão, era treinado para notar todos os tipos de problemas em potencial, não importando o quão bobos ou estranhos parecessem.

— Tenho uma pergunta que pode parecer um pouco burra, mas... — PK abordou Black Horse, que estava ocupado digitando algo no computador. Depois de alguns minutos, ele levantou a cabeça:

— Mostre-me o documento.

PK mostrou a ele a linha com o "-3%".

— Sim, você fez um pergunta muito burra. Como pode ser um crescimento de menos 3%? — disse Black Horse, que voltou a digitar.

Por um momento, PK achou que Black Horse estava brincando e tentando tirar sarro. Porém, ele estava falando sério e não mostrou qualquer sinal de que estivesse brincando.

PK, um pouco desmotivado, persistiu: "Tenho outras dúvidas".

— Escreva no relatório e destaque-as. Darei uma olhada depois. — respondeu Black Horse.

PK assim o fez para mais de 70 contratos e documentos que Black Horse o obrigou a revisar em poucos dias. Era um relatório com quase cem páginas destacando todas as questões identificadas por PK até então. Ele enviou o relatório por e-mail para Black Horse.

Nenhum comentário foi feito por quase duas semanas. PK também relembrou Black Horse algumas vezes, pedindo para que revisasse o relatório e desse algum *feedback*, mas sem sucesso.

PK costumava enviar minutas de reunião todas as noites por e-mail, com Black Horse em cópia, para clientes, a equipe, concorrentes, etc. Sempre que um e-mail era enviado, invariavelmente chegava uma resposta de Black Horse apontando algum "erro" na fonte e no tamanho da letra usada ou alguma outra coisa sem a menor importância. No entanto, não havia comentário algum sobre questões legais significativas.

A felicidade de PK estava sendo sugada aos poucos, com uma esponja absorvendo excesso de água.

"Talvez eu cometa muitos erros nesta profissão", pensava PK.

Quase todos os dias recebia uma ligação de Black Horse dizendo que não iria ao escritório. Alguns dias antes da operação ser concluída, ele ligou para PK para uma reunião individual depois das 18h. Abriu o relatório de cem páginas e viu as partes destacadas.

— ESTAS SÃO QUESTÕES LEGAIS MUITO SÉRIAS QUE DEVIAM TER SIDO LEVANTADAS NAS REUNIÕES COM O CLIENTE. POR QUE <u>NÓS</u> ESTAMOS DEIXANDO ISSO PASSAR? POR QUE NÃO ME FALOU ANTES SOBRE ESTAS QUESTÕES? PRECISO DE UMA EXPLICAÇÃO. – gritava Black Horse.

PK estava estupefato.

— Tentei apontá-las, mas você disse que não tinha tempo. Por isso, me pediu para destacá-las em um relatório e enviar por e-mail. — PK tentou explicar.

— VOCÊ TEM FEITO VÁRIAS PERGUNTAS IDIOTAS, MAS NÃO LEVOU A SÉRIO QUESTÕES MAIS IMPORTANTES. VOCÊ PODERIA TER SIDO PROATIVO, PODERIA TER LIGADO E PERGUNTADO DIRETAMENTE AOS REPRESENTANTES DA EMPRESA. NÃO VOU OUVIR MAIS NENHUMA DESCULPA. ESPERAVA MAIS ÉTICA DE SUA PARTE — vociferou Black Horse.

Agora PK estava se sentindo mal e Black Horse notou:

— Ei, relaxe! Se acalme. Pelo visto, você se estressa com muita facilidade. Talvez deva se matricular numa aula de Yoga — aconselhou.

PK assentiu com a cabeça. Não havia muito o que dizer.

Black Horse pediu uma versão impressa do relatório e fez com que PK sentasse a sua frente enquanto fazia alterações com uma caneta vermelha. Depois, "ordenou" que PK ficasse no escritório para aplicar todas as alterações e devolver o material após a meia-noite.

PK estava furioso por dentro. Por que deveria estragar sua noite por um trabalho que poderia ter acabado duas semanas antes? Também estava ansioso, cansado, deprimido e desgastado. Precisava de uma pausa.

Por isso, perguntou a Black Horse se poderia trabalhar na tarefa em casa, já que não estava se sentindo muito bem. Com certa hesitação, e também porque não queria fazer um trabalho "inferior", ele concordou.

Pouco depois, Black Horse recebeu uma ligação do sócio sênior da filial de Mumbai, criticando-o duramente por ter "desperdiçado" mais de 20 dias em Nova Délhi e pedindo para que retornasse imediatamente. Não havia outra opção a não ser obedecer, então ele embarcou no primeiro voo disponível.

Na manhã seguinte, quando PK chegou ao escritório, outro sócio (um dos chefões do escritório em Nova Délhi, e conhecido como Senhor Sanguessuga) notou que Black Horse não estava por ali. Então, jogou uma pilha de trabalho sobre PK, sem a menor relação com o projeto de Black Horse.

Por volta do meio dia, Black Horse ligou para PK de Mumbai, insistindo que terminasse o trabalho no mesmo dia. PK respondeu que não seria possível, já que agora precisava que seu chefe em Nova Délhi também concordasse com as prioridades. Depois da ligação, ele enviou um e-mail para Black Horse com a mesma justificativa.

O que acabou sendo um grande erro.

Black Horse ligou imediatamente e gritou com PK, que tentou explicar, sem sucesso, que aquele era trabalho bem simples que poderia ser feito por qualquer digitador. PK estava perdendo a paciência por ser tratado como um escravo da filial de Mumbai, então resolveu desligar e colocar o telefone em modo silencioso.

De repente, um e-mail chegou em sua caixa de entrada. Era de Black Horse. Dois sócios-diretores (dos escritórios de Nova Délhi e Mumbai) estavam em cópia na mensagem, que dizia:

"PK, não consigo entender. Como dito anteriormente, o trabalho que deve ser feito é a revisão dos resumos preparados por você.

Devíamos ter feito isso na quinta à noite, mas você insistiu em ir para casa, então eu disse que poderíamos fazer na sexta pela manhã. Na sexta-feira, você provavelmente adoecerá, o que não é um problema se estivesse realmente indisposto, e não lhe pedi nada até sua recuperação. Ao meio dia da segunda-feira, após nossa conversa, você afirmou que enviaria as partes revisadas até terça-feira pela manhã. Em seguida, recebo o e-mail abaixo e desde então estou tentando entrar em contato. Enviei diversas mensagens de texto ontem à noite pedindo para que me ligasse. Você não se deu ao trabalho de responder nenhuma das mensagens ou me ligar. Agora mesmo, quando consegui falar, você me disse que não retornou porque não

*tem mais nada a acrescentar ao e-mail abaixo? E voltou a ficar in-
acessível?*

*Estou com muita dificuldade para compreender tudo isso. Por favor,
me informe quando receberei os resumos revisados.*

Sr. Black Horse"

PK estava horrorizado. Black Horse levou o assunto para os sócios-diretores, com uma narração um tanto frívola de como a
situação havia se desenrolado. Ele não conseguia decidir se deveria ficar quieto ou não. De qualquer forma, precisava de tempo
para pensar friamente nas consequências de responder ou igno-
rar.

Já eram 19h30, quando decidiu encerrar o trabalho e ir para casa.
Seus familiares perceberam que havia algo errado, pois ele não estava agindo normalmente.

— O que está acontecendo? — perguntou o pai.

PK estava muito envergonhado e não queria dizer nada. Depois
de algum tempo, abriu o laptop e mostrou o e-mail.

— É tudo culpa minha. Meu chefe acha que sou um preguiçoso.
— disse PK.

No entanto, o pai logo percebeu que NÃO era uma questão de
trabalho e sim uma jogada de poder. Como havia trabalhado por
30 anos como funcionário público, ele sabia como chefes agiam.

— Filho, você precisa responder o e-mail imediatamente. Em
burocracias corporativas no mundo todo, quem reclama

primeiro se faz ouvir, e Black Horse tomou a iniciativa. Esta é sua chance de falar por si. Diga aos sócios-diretores o que tem acontecido e quem é o verdadeiro culpado. — aconselhou.

PK estava boquiaberto. Seu pai estava apoiando-o em vez de criticá-lo pelo erro.

— Mas não é certo pôr a culpa no chefe. Eles não vão aceitar, vão dizer que não tenho espírito de equipe. — hesitou PK.

— Quem disse que você está culpando o chefe? Você só está contando a sua versão da história para que possam ter o cenário completo. — disse o pai, que continuou:

— Se não lutar por seus direitos, quem lutará?

—E se eu perder meu emprego? — indagou PK.

— Se não revidar, com certeza perderá. Os sócios-diretores acharão que você é culpado, um preguiçoso. — disse o pai.

— Seu chefe é um tirano em todos os sentidos da palavra. Filho, entenda que tiranos podem parecer muito fortes, mas a verdade é que são muito fracos e vazios por dentro. Eles crescem com o seu medo, é o que lhes dá força para continuar. Por isso, nunca se deixe abater pelo *bullying*.

Este foi o último conselho de seu pai.

PK concordou com hesitação e então redigiu um rascunho do e-mail. Esperou por uma hora para digerir as coisas, e leu mais uma vez para ter certeza de que tudo estava adequado e profissional e não como se estivesse esbravejando.

Então enviou o e-mail, que dizia:

"Prezado Senhor Black Horse

Como o senhor deve se recordar, enviei estes relatórios ao senhor há duas semanas. Infelizmente, o senhor não teve tempo de ler o material, já que não pôde ir ao escritório durante o Ganesh Chaturthi (que entendo ser um feriado para o senhor na filial de Mumbai, porém é um dia útil para nós em Nova Délhi). Então, no dia 7 de setembro de 2011, quando a bomba explodiu no Superior Tribunal, o senhor nos disse que, por conta da explosão, a região central de Nova Délhi estava fechada e que o escritório também fecharia em breve. Porém, estávamos no escritório naquele momento e continuamos a trabalhar, da mesma forma como em outras ocasiões quando estávamos trabalhando no escritório de Nova Délhi mesmo aos sábados (como foi o caso do dia 28 de agosto de 2011) e o senhor permaneceu indisponível para quaisquer discussões ou consultas. O senhor também prometeu revisar meus comentários e enviar correções naquele mesmo dia. Não recebi nada de sua parte. Na quinta-feira, quando o senhor já deveria estar com seus comentários prontos, sequer havia começado a revisão. Portanto, perdemos tempo.

Enquanto isso, na segunda-feira (12 de setembro), o Senhor Sanguessuga, sócio (e também um dos meus chefes), entrou em contato comigo e me direcionou para outro assunto. Eu disse claramente ao senhor que, portanto, não poderia participar do trabalho porque estava ocupado com outra tarefa. No entanto, quando o senhor insistiu ao ponto de ser abusivo, falei que faria o meu melhor para enviar a revisão até terça-feira pela manhã. Quando não foi possível, fui obrigado a informá-lo de que não poderia concluir seu projeto.

Atenciosamente,

PK"

Após enviar o e-mail, PK saiu para correr. Ele não imaginava quais seriam as repercussões, mas ao checar o e-mail meia hora depois, viu sua caixa de entrada inundada de mensagens. Havia até uma de Black Horse, que tentava se justificar dizendo que nunca teve a intenção de ser abusivo.

"Sério?", pensou.

Havia também alguns e-mails da chefe de Black Horse, pedindo que ele se calasse e solicitando que ele e PK não culpassem um ao outro. PK achou o e-mail surpreendente e motivador.

A sócia pediu que PK ligasse diretamente para ela. Ele o fez, com dedos trêmulos, mas a sócia era como uma Fada Madrinha, que ouviu pacientemente tudo o que ele tinha a dizer, pediu que não tivesse pressa para concluir a tarefa e que entregasse diretamente a ela, sem nenhuma pressão excessiva. PK assim o fez e deu o assunto por encerrado.

Ele notou, porém, que a Senhorita Fada Madrinha já tinha recebido reclamações semelhantes sobre o comportamento tirano de Black Horse, vindas de outras fontes. A fofoca no escritório dizia que seus subordinados tinham muitos afastamentos por doença. Havia uma queda geral em desempenho e motivação em sua equipe, enquanto ele contava todo o tipo de história para a Senhorita Fada Madrinha sobre a queda de padrão dos recém-contratados. No geral, a conduta de Black Horse tinha um efeito negativo no desempenho e, consequentemente, nas margens de lucro da empresa.

O tempo estava passando. Algumas semanas depois, todos receberam um comunicado que informava que o Black Horse havia "saído para buscar novas oportunidades e desafios". Como todos já sabiam, esse era um eufemismo do mundo corporativo para "foi demitido".

Ao olhar para trás, PK ficou surpreso por ter criado coragem de enfrentar um grande tirano do escritório. Seu pai estava muito satisfeito pelo filho ter mantido a razão em condições tão tensas e resolvido o problema de maneira quieta e sem alarde.

"Se você for horrível comigo, escreverei uma música sobre isso e você não vai gostar. É assim que funciono".

— Taylor Swift

(Você acertou! Esta é uma história real e o protagonista é este que vos escreve, Prasenjeet Kumar ou PK).

Uma menina quieta ensina uma lição aos valentões à sua maneira.

Sara era uma garota quieta de nove anos. Os professores a consideravam exageradamente tímida, tão tímida que chegava a ser ruim para ela. Colegas de classe achavam que sua quietude fosse "idiotice" ou falta de inteligência.

— Por que Sara é tão quieta? — perguntou um colega.

— Talvez porque não tenha nada a dizer. — disse outra garota.

— Talvez seja burra demais pra falar qualquer coisa. — disse outro colega, rindo alto.

Era tida como um quadro negro sem nada escrito. Um quadro em branco, sem nada. Era constantemente provocada e chamada de "Senhorita Nada".

Era muito sensível a comentários maldosos. Não sabia como reagir às provocações dos colegas. Certa vez, tentou conversar com a professora, que disse que outras crianças tiravam sarro porque ela não tinha nenhum amigo e porque lhe faltavam habilidades sociais. Sara foi aconselhada a sair, socializar e fazer amizade com colegas de classe.

Ela tentou, mas ninguém queria brincar com a Senhorita Nada. Era propositalmente deixada de lado de todas as fofocas e grupos de estudos

"Sou tão chata que ninguém quer ser meu amigo?" preocupava-se.

Deprimida e cansada de tentar agradar os outros, decidiu que seria melhor andar sozinha e ser sua própria amiga. A solidão, ou, como definido pela sociedade, o isolamento, traz consigo presentes como liberdade e independência. Independência de ser ela mesma, pensava.

Nas horas vagas, gostava de ler livros de fantasia. A natureza heroica dos personagens fictícios a fascinava. Queria ser mais parecida com personagens fictícios e na escola não havia ninguém daquele jeito, como o ideal de amigo que tinha em mente.

Mas Sara possuía mais um dom do qual não se dava conta. Sua mente introvertida era hábil em absorver quantidades enormes de informação, muito mais do que a dos colegas. Na escola, conseguia resolver de cabeça problemas matemáticos complexos.

Também tinha outra fascinação: o xadrez. Aprendeu a movimentar peças aos cinco anos. Seu pai era enxadrista ávido e a apoiava muito. Valorizava o fato de a filha ser diferente, talvez única. Percebeu que Sara mostrava interesse em aprender xadrez, então a ensinou a jogar de um jeito único.

Sara jogava xadrez sem reis, rainhas, cavalos, bispos ou torres. Ambos os lados usavam somente peões para se movimentar e vencer. A única regra que deveria seguir era mover os peões além da oitava fileira, superando os obstáculos do outro lado, para vencer. Sara gostava dos desafios intelectuais impostos pelo jogo.

Ela adorava se desafiar de diversas maneiras. Aos dois anos, conseguia resolver quebra-cabeças complexos. Antes de completar quatro anos, montava conjuntos de Lego voltados para adolescentes. Em sua classe, sabia as bandeiras e a quantidade de habitantes de todos os países do mundo. Era realmente dotada de uma memória impressionante.

Enquanto colegas se ocupavam com fofocas sobre os novos alunos da escola, Sara lia livros sobre teorias avançadas de xadrez e podia imaginar os movimentos no tabuleiro. Era sua nova "revista de fofoca" preferida. Passava horas lendo livros sobre xadrez e não parava enquanto não internalizasse os movimentos.

Dominou a história do xadrez, bem como os movimentos e táticas de grandes jogadores. A partir de alguns movimentos de abertura, conseguia identificar se o jogador fazia um movimento da partida Adams *versus* Huebner, da partida Kasparov *verus* Fischer ou alguma outra estratégia empregada por um dos grandes mestres. Sabia até mesmo os pontos fracos de determinada estratégia e maneiras eficazes de contorná-los.

Certa vez, um garoto de sua classe conseguiu um tabuleiro e peças de xadrez, e desafiou que alguém da sala jogasse com ele. Logo encontrou um candidato. Sara apenas observava silenciosamente a partida. Para ela, os garotos eram completos amadores, como bebês de um ano aprendendo a andar. O garoto desafiado perdia feio e estava ficando chateado. Sara decidiu salvá-lo.

— Olha quem está vindo. — disse sarcasticamente o garoto.

Sara se ofereceu para ajudar o garoto, dizendo quais peças mover e em qual ordem. Ele aceitou os conselhos com hesitação. Algumas jogadas depois, deu xeque-mate no outro garoto. A classe inteira ficou boquiaberta, Senhorita Nada estava mostrando seu talento oculto. Isso a deixou mais confiante na habilidade de se tornar Mestre Enxadrista.

Decidiu se matricular na competição de xadrez da escola. Nenhuma criança chegava aos pés de Sara, que podia tranquilamente ser professora de xadrez aos nove anos. A cada vitória, ficava mais popular em sua classe. Virou o assunto do momento, uma nova lenda. Por fim, venceu o campeonato de xadrez derrotando estudantes que eram até quatro anos mais velhos. Permaneceu invicta em todas as partidas.

Sara logo se tornou a heroína da classe. Valentões pararam de provocá-la. Todos queriam ser amigos dela. Qualquer festa de aniversário era incompleta sem sua presença. Tinha a opinião mais importante em discussões de grupo e fofocas, e os garotos até começaram a achá-la bonita. Deixou de ser uma "ninguém" para tornar-se a garota mais popular da escola.

Esta foi a maneira quieta de Sara para silenciar os valentões. Paciência, perseverança e coragem para andar sozinha valeram a pena.

"Para ser aberto à criatividade, é preciso ter a capacidade de fazer uso construtivo da solidão. Deve-se superar o medo de estar sozinho".

— Rollo May

(Esta história é parcialmente inspirada em Magnus Carlsen, Grande Mestre norueguês, enxadrista número um do mundo e atual Campeão Mundial de Xadrez nas modalidades clássica, rápida e relâmpago. Sua maior pontuação foi 2882, a maior da história.

Prodígio em xadrez, Carlsen se tornou Grande Mestre em 2004, aos 13 anos e 148 dias, sendo o segundo Grande Mestre mais jovem da história até então. Em 1 de Janeiro de 2010, aos 19 anos e 32 dias, se tornou o enxadrista mais jovem da história a ser o número 1 do ranking mundial. Em Novembro de 2013, derrotou Viswanathan Anand no Campeonato Mundial, tornando-se assim o novo campeão mundial. Posteriormente, defendeu o título no Campeonato Mundial em Novembro de 2014, derrotando Anand mais uma vez.)

Uma criança "quieta e burra" se torna um cientista imortal

Al era uma criança calma e sonhadora. Um pouco lenta, mas segura de si e determinada. O maior problema de sua infância era a "quietude". Demorou a aprender a falar, tanto que os pais achavam que o filho tinha uma deficiência de fala e até consultaram um médico. Aos sete anos, costumava repetir frases para si mesmo, ou, em outras palavras, "falava sozinho". Isso fez com que amigos, vizinhos e familiares se perguntassem se ele era um pouco meio "tapado".

Na escola, tinha dificuldade em se adaptar aos métodos convencionais de ensino. Não gostava do fato de as escolas promoverem uma mentalidade de obediência incontestável e disciplina sem sentido. Era lento ao dar "respostas rápidas e automáticas", critério usado pelos professores para avaliar o talento e "merecimento" dos alunos. Al nunca foi considerado um aluno ideal. Certa vez, um professor foi maldoso o bastante para dizer que nunca chegaria a lugar algum na vida!

Mesmo assim, Al vivia em seu próprio mundo. Adorava ficar sozinho. Números e notas musicais preenchiam seu universo. Enquanto os colegas brincavam, ele resolvia problemas matemáticos e tocava violino. Alguns psicólogos chegaram a se perguntar se era um caso de dislexia, autismo ou mesmo esquizofrenia.

Porém, Al recebeu alguns dons de Deus que ninguém mais possuía: aptidão incrível para autoaprendizagem e concentração.

Aos 12 anos, tinha predileção por resolver problemas complicados de aritmética aplicada. Acreditava que assim poderia se adiantar no currículo escolar e aprender geometria e álgebra por conta própria. Seus pais eram gentis e o ajudavam comprando os livros antecipadamente, para que pudesse dominá-los durante as férias de verão. Não somente aprendeu as demonstrações matemáticas dos livros, como também tentou provar novas teorias sozinho. Criou até um jeito próprio para provar o Teorema de Pitágoras.

Aos 15 anos, resolvia equações matemáticas complexas que ninguém conseguia resolver, nem mesmo seus professores. Nas aulas, sempre tinha as melhoras notas, mas ainda assim os professores o consideravam um "fracassado brilhante".

Al tinha outra habilidade fenomenal, que poderia imortalizá-lo: a habilidade de pensar na forma de figuras ao invés de palavras. "Que estranho", alguém poderia divagar.

Isso significava que ele podia realizar experiências visuais em sua cabeça sem precisar ir ao laboratório. Você já se imaginou se deslocando ao lado de um feixe de luz? Como veria as ondas de luz? Pareceriam paradas se você estivesse na mesma velocidade da luz, como normalmente acontece se dois trens andam em pistas paralelas na mesma velocidade e você está sentado em um deles?

Era esse o tipo de coisa que Al visualizava em sua mente quando tinha apenas 16 anos.

Imaginava também um raio atingindo as duas pontas de um trem em movimento. Como você veria o raio se estivesse em terra firme? Não veria os raios atingindo o trem simultaneamente?

E se estivesse sentado dentro do trem? Veria os raios atingindo o trem simultaneamente? Provavelmente não. Você os veria como se acontecessem em dois momentos diferentes.

Al teorizou então que a forma como se vê as coisas depende de onde se está e também do estado de movimento, ou seja, a percepção é relativa.

Uma descoberta revolucionária estava para acontecer. Al percebeu que não existe um tempo absoluto. Tempo é relativo. Sua imaginação hiperativa levou ao nascimento da até então desconhecida "Teoria da relatividade".

Tenho certeza de que você já adivinhou quem é Al em nossa história.

Sim, é o famoso físico Albert Einstein.

Em 1921, Einstein recebeu o Prêmio Nobel "por seus serviços à física teórica e, especialmente, pela descoberta da lei do efeito fotoelétrico".

Suas teorias científicas, teoria quântica e da relatividade, tiveram um impacto profundo não somente na forma como vemos a ciência, mas também em filosofia e moralidade. Cientistas ainda sustentam suas teorias e ele se tornou parte integrante de nossa cultura.

Mas você sabia que Einstein demonstrava pontos fortes clássicos de um introvertido? Introvertidos tem aptidão para autoaprendizagem assim como Einstein, que aprendeu geometria e álgebra sozinho.

Introvertidos supostamente têm um mundo interno mais rico. Einstein também o era assim. Seu mundo interno o levou a descoberta da relatividade. Mais importante, ele usou seu poder de concentração (que é outro dom dos quietos) para fazer progressos extraordinários.

Há muitos boatos de que Einstein era disléxico, sofria de deficiência de aprendizagem, era autista moderado, ou até esquizofrênico. No entanto, eles foram desmentidos por não terem fundamento. Einstein aprendeu a tocar violino sozinho e tinha a habilidade de aprender novas línguas e outras disciplinas científicas por conta própria, então não havia dúvida quanto a qualquer tipo de deficiência de aprendizagem.

Uma pessoa é considerada autista se é socialmente retraída, não tem empatia pelos colegas e não consegue ter um relacionamento social normal com outras pessoas. Einstein conseguiu fazer amigos na escola e faculdade e tinha empatia por outros. O "problema" é que preferia trabalhar sozinho, mas isso não o fazia dele um autista.

"O verdadeiro sinal de inteligência não é conhecimento, mas imaginação".

— Albert Einstein

Lições que todos os empreendedores introvertidos podem aprender

Existe um mito popular de que introvertidos não podem ser tão bem sucedidos quanto extrovertidos quando se trata de empreendedorismo ou de chegar ao nível executivo. Introvertidos são lentos na tomada de decisão e participar de muitas conferências e reuniões os esgota. Ainda assim, há muito empresários que são introvertidos e conquistaram sucesso, de Bill Gates a Mark Zuckerberg.

Como é possível?

Introvertidos têm superpoderes próprios que, se bem aproveitados, podem fazê-los chegar ao topo. O melhor exemplo disso é a história de um garoto nascido em 1901 na cidade de Chicago, nos Estados Unidos.

Este garoto teve uma infância conturbada. O pai era violento e usava tanto de agressão física para punir os filhos que os irmãos fugiram de casa. O garoto, como típico introvertido, vivia num mundo próprio, composto de desenhos, caricaturas, animações e esboços. Aos quatro anos, desenhava e vendia caricaturas aos vizinhos. O pai desqualificava o talento do filho como simples fantasia de infância que nunca poderia sustentá-lo.

No início da vida adulta, foi ousado o suficiente para abandonar o Ensino Médio e tentar uma carreira em animação. Durante pouco tempo, também trabalhou em um jornal e foi demitido por "falta de imaginação e ideias".

Numa bela manhã, durante uma viagem de trem saindo de Nova York, o garoto, que agora já era um homem, esboçou um rato gigante usando shorts, que achou ter potencial para ser um personagem popular em desenho animado. Nenhum banco estava disposto a financiar o projeto porque achavam a ideia absurda. Quase 300 bancos o rejeitaram, mas isso não o impediu de buscar sua missão.

A história soa familiar?

Que homem teria coragem de continuar após ser rejeitado 300 vezes?

Você teria, se fosse Walt Disney e o rato, como já deve ter adivinhado, fosse o Mickey Mouse.

"Todos os nossos sonhos podem se realizar, se tivermos a coragem para persegui-los", dizia *Walt Disney,* que enfrentou fracasso após fracasso, mas nunca desistiu. Como clássico introvertido, acreditou na persistência.

Walt Disney fundou sua empresa de animação na cidade de Kansas City, em 1921. Porém, problemas com distribuidores inescrupulosos levaram a empresa a encerrar as atividades e Disney ficou sem dinheiro até para pagar aluguel e comida. Foi forçado a deixar Los Angeles com somente 40 dólares em dinheiro e uma mala com apenas uma camisa, duas cuecas, dois pares de meia e alguns materiais para desenho.

Em 1927, Walt Disney e sua equipe criaram um personagem conhecido como "Oswald, o coelho sortudo", mas uma cláusula contratual deu todos os direitos aos distribuidores, fenômeno comum no mundo artístico. Walt Disney não recebeu crédito algum. Distribuidores "roubaram" até os funcionários de Disney, com exceção de seu amigo Ub Iwerks. Disney estava desolado, mas afirmou:

— Nunca mais trabalharei para outra pessoa.

Como empresário de sucesso, aprendeu com os erros. Na época de lançamento do novo personagem, Mickey Mouse, certificou-se de que era o detentor de todos os direitos de seus personagens.

"Um rato gigante na tela aterrorizaria mulheres", foi a reação dos estúdios MGM quando Walt os abordou para que fizessem a distribuição de Mickey Mouse em 1927. Hoje o personagem é uma marca avaliada em bilhões de dólares. A carreira extraordinária de Disney foi realmente desencadeada por um rato.

Nos anos 40, Pinóquio se tornou um empreendimento extremamente caro. Disney gastou milhões de dólares para remodelar a história e incluir som e efeitos especiais. No fim, Pinóquio teve um prejuízo milionário após o primeiro lançamento.

Em 1942, Bambi foi lançado. A cena mais forte e inesquecível, onde a mãe de Bambi era morta, foi considerada divertida pelo público. Walt concluiu que a época da Segunda Guerra Mundial provavelmente não foi correta para lançar um filme sobre o amor de uma família de cervos.

Na vida pessoal, Walt sofria com acessos de raiva, grande frustração e depressão. Houve épocas em que o futuro parecia extremamente sombrio e incerto, mas ainda assim, Disney tinha uma visão, que o levou à criação do parque Disneylândia.

Ele tinha um relacionamento problemático com o pai, mas mesmo assim estava determinado a criar "o lugar mais feliz do mundo" para pais e filhos. Levou quase sete anos para concluir o projeto, enquanto muitas pessoas teriam desistido depois do primeiro ano. Posteriormente, criou parques aquáticos, hotéis e resorts, sempre pensando no todo.

Walt Disney admitiu certa vez que "morreu de medo" quando teve que ficar em frente às câmeras para apresentar os episódios da série para TV "Disneylândia". Porém, nada podia impedi-lo de alcançar suas ambições. Disney viu de tudo em sua carreira: pobreza, depressão, ideias roubadas, morte da mãe amada, invenções que foram zombadas, etc.

Disney acabou ganhando um total de 26 Oscar, sendo o recordista com o maior número de prêmios da história. Recebeu 22 prêmios de um total de 59 indicações, além de outros quatro Oscar honorários. Também é recordista com o maior número de vitórias e indicações recebidas por um indivíduo na história.

Infelizmente, Walt Disney faleceu em 1966 devido a um câncer de pulmão, mas deixou uma empresa que vale bilhões de dólares e ainda é um gigante que não pode ser subestimada.

Disney provou que todo empresário de sucesso deveria ter três características: visão, habilidade para aprender com os erros do passado e nunca desistir, mesmo sob as circunstâncias mais difíceis.

"É divertido fazer o impossível"

— **Walt Disney**

III: Vivendo seus sonhos

Você está infeliz no emprego atual?

Sente que o trabalho o pressiona muito ou não está de acordo com seu temperamento?

Se perdesse o emprego, não sabe se encararia como maldição ou benção?

Nesta última parte, trago a história de uma introvertida que muda para uma carreira mais adequada ao seu temperamento. Por favor, não encare esta história como um conselho para mudar de carreira.

O que é mais importante: amor e felicidade ou dinheiro e stress?

Martha começou a trabalhar na área de marketing de uma pequena empresa. Parecia ser uma profissão lucrativa, com salário decente e benefícios. No início, pensou que seria o emprego perfeito.

No entanto, havia um problema: o trabalho não estava em sintonia com sua personalidade introvertida. Os recompensados eram aqueles que falavam primeiro e rápido, que eram barulhentos, agressivos e sempre queriam ser o centro das atenções.

Martha trabalhava silenciosamente nos bastidores e sequer era considerada como alguém que sabia trabalhar em equipe, seja lá o que isso significasse. Também trabalhava com chefes abusivos e era constantemente sujeita a ataques, xingamentos e ameaças de demissão. O trabalho a matava aos poucos, dia após dia.

Antes uma funcionária entusiasmada, agora tinha lágrimas nos olhos ao sair para trabalhar na segunda-feira de manhã. Tentava falar com colegas sobre o chefe abusivo, mas era aconselhada a aturar tal comportamento.

— Seu chefe a ofende, mas não é por querer. Ele é uma das pessoas mais experientes do segmento e tenho certeza de que você aprenderá muito em longo prazo. — aconselhou um dos colegas.

— Bem, é assim que o segmento funciona e disciplinar os funcionários faz parte do jogo. Ainda é melhor do que as m**das que acontecem em outros lugares. — lamentou outro.

— Por que você não pede demissão e procura algo que combine com seu jeito? — sugeriu o terceiro.

Ela não sabia o que fazer ou a quem ouvir. Após trabalhar de 12 a 14 horas por dia, tinha dificuldade para dormir. Na ida para o trabalho, costumava sentir tonturas ou vertigens. Ao conversar com chefes e colegas, suas mãos tremiam, o que a deixava um pouco envergonhada. Sentia dores terríveis nas costas. Estava esgotada. Na época da faculdade gostava de correr, mas agora se sentia exausta o tempo todo. Martha não percebeu que mostrava os primeiros sinais de um colapso nervoso.

"E se meu chefe me demitisse?", pensava.

E então chegou o dia em que seu temor virou realidade. Foi convidada a deixar a empresa e procurar outro emprego. Sentiu certo alívio por não ter mais que lidar com o chefe abusivo, mas ao mesmo tempo se preocupava com o futuro.

Enquanto ainda recebia seguro-desemprego, Martha quis dar um tempo. Tinha ouvido falar sobre os benefícios maravilhosos da yoga para controlar o stress e quis experimentar. Matriculou-se na aula de yoga e logo aprendeu diversas posições, exercícios respiratórios e meditação. A yoga não só a ajudou a melhorar a flexibilidade, equilíbrio e fortalecer músculos das costas, como exercícios de meditação também a fizeram compreender seu verdadeiro eu.

Ela se deu conta de que não foi feita para a selva corporativa, onde só era garantida sobrevivência aos mais vocais, barulhentos, agressivos e insistentes. A vida era curta demais para isso. Percebeu também que sua missão de vida era ajudar aqueles que enfrentavam problemas de saúde ou mentais. Seu propósito agora era ajudar quem, como ela, sentia-se aprisionado no emprego e enfrentava problemas como colapso nervoso, noites em claro e dores nas costas. Uma nova possibilidade se abriu com a yoga, uma nova carreira a aguardava.

Agora Martha queria ser professora de yoga e concluiu 200 horas de treinamento para receber o certificado. Percebeu que era mais fácil conseguir um emprego numa cidade menor do que numa grande metrópole, então foi parar em uma pequena cidade situada nas montanhas, com pastos verdes, picos nevados, rosas vermelhas e lagos azuis. Ali, começou a dar aulas.

A vida não era fácil. Vivia em um apartamento pequeno, teve que vender a TV e passou a sair menos para comer fora, mas estava feliz com o que fazia. Não passava mais as noites em claro. Os tremores sumiram, as dores nas costas desapareceram e pareciam nunca ter existido. Mentalmente, estava muito mais em paz consigo mesma.

"Qual é o sentido de ter um emprego que paga bem, se o dinheiro seria somente para cobrir futuras despesas médicas causadas pelo emprego em si?", perguntava-se.

Praticar yoga invocou seu lado criativo e agora se concentrava mais em se conectar com as pessoas e ouvir seu coração. Os alunos a adoravam.

Martha acredita que chegará a hora em que ganhará mais dinheiro, e não será graças a tiranias feitas com funcionários menos
experientes, mas sim devido ao amor e interesse sinceros que tem
pelos outros.

Livros Do Autor Da Série "A Fênix Quieta"

———

A FÊNIX QUIETA: UM GUIA PARA INTROVERTIDOS ASCENDEREM EM SUAS VIDAS PESSOAIS E PROFISSIONAIS

A FÊNIX QUIETA 2: DA FRUSTRAÇÃO À REALIZAÇÃO (MEMÓRIAS DE UMA CRIANÇA INTROVERTIDA)

CELEBRANDO OS QUIETOS: HISTÓRIAS ANIMADORAS PARA PESSOAS INTROVERTIDAS E HIPERSENSÍVEIS

CELEBRANDO LÍDERES QUIETOS: HISTÓRIAS INSPIRADORAS DE LÍDERES INTROVERTIDOS QUE MUDARAM A HISTÓRIA

CELEBRANDO ARTISTAS QUIETOS: HISTÓRIAS INSPIRADORAS DE ARTISTAS INTROVERTIDOS

Livros Do Autor Da Série "Auto-Publicação Sem Gastar Um Centavo"

COMO TRADUZIR SEUS LIVROS SEM GASTAR UM CENTAVO

COMO VENDER SEUS LIVROS SEM GASTAR UM CENTAVO

Livros Do Autor, Da Série "Cozinhar Num Instante"

———

COMO COZINHAR EM UM INSTANTE MESMO SE VOCÊ NUNCA COZINHOU SEQUER UM OVO

COZINHA SAUDÁVEL NUM INSTANTE: MANUAL COMPLETO SEM DIETAS OU MODISMOS

O GUIA DEFINITIVO PARA COZINHAR LENTILHAS À MANEIRA INDIANA

O GUIA DEFINITIVO PARA COZINHAR VEGETAIS À MANEIRA INDIANA

COMO COZINHAR COMIDA CASEIRA INDIANA EM UM INSTANTE

Siga-me nas redes sociais

A doraria encontrá-lo nas redes sociais. Siga-me no:

Facebook[1]

Twitter[2]

Google Plus[3]

Goodreads[4]

Fique a vontade também para entrar em contato com o autor pelo e-mail prasenjeet@publishwithprasen.com ou com a tradutora do livro (Cristina Rocha) pelo crisrocha0105@gmail.com.

---

1. https://www.facebook.com/prasenjeet.kumar.925

2. https://twitter.com/PublishWithPras

3. https://www.google.com/+PrasenjeetKumarAuthor

4. https://www.goodreads.com/prasenjeet

Sobre o autor

Prasenjeet Kumar é graduado em Direito pela University College London (2005 – 2008), da London University, formado com honras em Filosofia pelo St. Stephen's College (2002-2005), da Delhi University. Além disso, possui diploma no Curso de Prática Jurídica (LPC) da Faculdade de Direito de Bloomsbury, Londres.

Ele adora comidas gourmet, música, filmes, golfe e viajar. Já conheceu 17 países, incluindo Alemanha, Canadá, China, Dinamarca, Dubai, Estados Unidos, Hong Kong, Indonésia, Macau, Malásia, Sharjah (Emirados Árabes), Suécia, Suíça, Tailândia, Turquia, Reino Unido e Uzbequistão.

Prasenjeet é autodidata nas profissões de designer, escritor, editor e também é o orgulhoso proprietário dos sites http://www.cookinginajiffy.com/, dedicado a sua mãe, e http://www.publishwithprasen.com, onde dá dicas sobre auto publicação.

www.ingramcontent.com/pod-product-compliance
Lightning Source LLC
Chambersburg PA
CBHW051227250726
48655CB00006B/2632